AF176499

Bärentypen

Menschenlehre mal anders!

Roberto Iaquinta

Bibliografische Information der Deutschen Nationalbibliothek:
Die Deutsche Nationalbibliothek verzeichnet diese Publikation
in der Deutschen Nationalbibliografie; detaillierte
bibliografische Daten sind im Internet über http://dnb.dnb.de
abrufbar.

Lektorat: Roberto Iaquinta
Korrektorat: Andreas Höller

Herstellung und Verlag: BoD – Books on Demand,
Norderstedt

ISBN: 9783752689051

WIDMUNG

Bedanken möchte ich mich an dieser Stelle, bei all meinen Bären, in meinem Leben.

Bei meiner Familie, meinen Kindern und meinen Freunden!

Ähnlich toll und mindestens genauso hilfsbereit und warmherzig, sind alle Bären, die in den letzten Monaten und Jahren immer an meiner Seite standen oder mich durch schwere Zeiten begleitet haben.

Regentage gibt es dank dir so gut wie keine, da du jeden Tag die Sonne in mein Leben bringst!

Ich danke dir dafür, auch wenn du aktuell leider nicht bei mir bist.

Immer an meiner Seite und das, obwohl ich mit Sicherheit nicht immer leicht bin, war natürlich meine Mutter, bei der ich mich viel zu selten für alles bedankt habe!

Ganz viel Liebe und Dankbarkeit geht an meine beiden wundervollen Töchter!

VORWORT

In meinem neuen Buch, geht es um die Beziehung der Menschen zueinander und um die verschiedenen und unterschiedlichen Menschentypen, die uns jeden Tag begegnen.

Wie verhalten sich diese Menschentypen in den unterschiedlichsten Situationen und in der Interaktion miteinander.

Was macht die Menschentypen besonders und was sind Eigenschaften, die vielleicht nicht so angenehm sind.

Wie verhalten sie sich in einer Beziehung oder nach einer Trennung und vor allem welche Typen passen eigentlich zusammen und welche, sollten es lieber gleich bleiben lassen.

Was macht einen guten Freund aus und welcher der Typen eignet sich ganz besonders gut und welcher eher nicht.

All diese Themen möchte ich mit euch gemeinsam in diesem interaktiven Buch gemeinsam durchleuchten und bearbeiten.

Zum Einstieg in das Thema, stelle ich euch direkt die erste Frage.

„Kennst du Menschen, die wenn sie nur den Raum betreten, komplett unsympathisch sind?"

Dieser Mensch, muss noch nicht mal etwas gesagt haben und du weißt schon, dass das mit euch niemals funktionieren wird.

Und jetzt stell dir vor, diese Person wäre dein Schwiegervater, deine Schwiegermutter oder dein Chef.

An dieser Stelle des Buches lachen die meisten Leser eigentlich, außer natürlich du bist oben beschriebener Typ, dann findest du das jetzt natürlich nicht lustig.

So und nun ganz egal ob du gerade gelacht hast oder nicht, wünsche ich dir viel Spaß mit meinem Buch!

Dein Roberto

Bärentypen

Menschenlehre mal anders!

Kapitel 1:   Der Teddybär

Kapitel 2:   Der Erklärbär

Kapitel 3:   Der Bossbär

Kapitel 4:   Der Crazybär

Kapitel 5:   Der Teddybär in einer Beziehung

Kapitel 6:   Der Erklärbär in einer Beziehung

Kapitel 7:   Der Bossbär in einer Beziehung

Kapitel 8:   Der Crazybär in einer Beziehung

Kapitel 9:   Bärenkonstellationen

Kapitel 10:   Der Teddybär nach einer Trennung

Kapitel 11:   Der Erklärbär nach einer Trennung

Kapitel 12:   Der Bossbär nach einer Trennung

Kapitel 13:   Der Crazybär nach einer Trennung

Kapitel 14:   Der Teddybär im Job

Kapitel 15:   Der Erklärbär im Job

Bärentypen

Menschenlehre mal anders!

Kapitel 16:   Der Bossbär im Job

Kapitel 17:   Der Crazybär im Job

Kapitel 18:   Der Teddybär als Freund

Kapitel 19:   Der Erklärbär als Freund

Kapitel 20:   Der Bossbär als Freund

Kapitel 21:   Der Crazybär als Freund

Kapitel 22:   Die bärige Zusammenfassung

Hallo liebe Leserinnen und Leser,

mit diesem Buch möchte ich das Thema „Menschentypen" einmal auf eine etwas andere Art und Weise erklären und jedem von euch etwas näherbringen.

Mich persönlich, interessiert dieses Thema, schon sehr lange und ich finde es immer wieder faszinierend, wie unterschiedlich wir Menschen doch alle sein können und wie das Wissen darüber, uns im Leben weiterhelfen kann.

Es gibt nichts schlimmeres, als gescheiterte Beziehungen, Mobbing im Job oder Freunde, auf die man sich nicht verlassen kann.

Wenn man das Muster aber verstanden hat, kann man sich zukünftig, nur noch mit den Menschen umgeben, die einem wirklich guttun!

Ich möchte an dieser Stelle einen für mich sehr wichtigen Spruch zitieren:

„Du bist die Summe, der 5 Menschen, mit denen du dich umgibst!"

Ich freue mich schon über einen regen Austausch zu meinem Buch und über jede Nachricht, die ich von euch bekomme.

traurig_aber_wahr_2020

 @traurigaberwahr2020

 Traurig aber wahr! Das Buch

Euer Roberto

Die richtigen Menschen, können uns im Leben weiter bringen, die falschen kosten uns nur Kraft und Energie!

Roberto Iaquinta

Der Teddybär

Kapitel 1

Der Teddybär

Kommen wir, zu dem wohl einfachsten und umgänglichsten Menschentypen überhaupt.

Dem Teddybär.

Was macht den Teddybär aus?

Der Teddybär, stellt sich eigentlich den ganzen lieben langen Tag die ein und dieselben Fragen:

Was kann ich tun, damit mich alle mögen?

Was kann ich tun, damit andere etwas davon haben, dass es mich gibt?

Wie oder wem kann ich helfen?

Grundsätzlich sind das alle sehr positive und sehr liebenswerte Eigenschaften, die sicherlich keiner von uns als nervig oder gar schlecht bezeichnen würde.

Und auch der Teddybär macht all das wirklich gerne und aus vollster Überzeugung und aus absoluter Nächstenliebe.

Oder?

Einerseits ja und andererseits nein, denn den Teddybären plagen auch den ganzen lieben, langen Tag folgende Fragen:

Mögen mich die anderen überhaupt?

Habe ich alles richtig gemacht?

Kann ich irgendetwas anders oder besser machen?

Werde ich wirklich respektiert?

Werde ich wirklich geliebt?

Den Teddybären plagen also auch den ganzen Tag über Selbstzweifel, die auch der Grund dafür sind, wieso er vieles genau so tut wie er es tut.

Nun wie gesagt, der Teddybär macht das alles wirklich gerne aber genau das, bringt ihn auch immer wieder in die Situation, dass er von anderen Bärentypen ausgenutzt wird.

Und hier entstehen wieder neue Selbstzweifel, da der Teddybär genau durch solche Erfahrungen, den Glauben an Ehrlichkeit und Treue verliert und irgendwann glaubt, dass ihn jeder nur ausnutzen will.

Hier ein Beispiel, bei dem wir gemeinsam in Interaktion gehen:

Wen würdest du fragen, ob er dir beim Umzug helfen kann?

O Teddybär

O Grummelbär

O Bossbär

Was würdest du für eine Antwort bekommen?

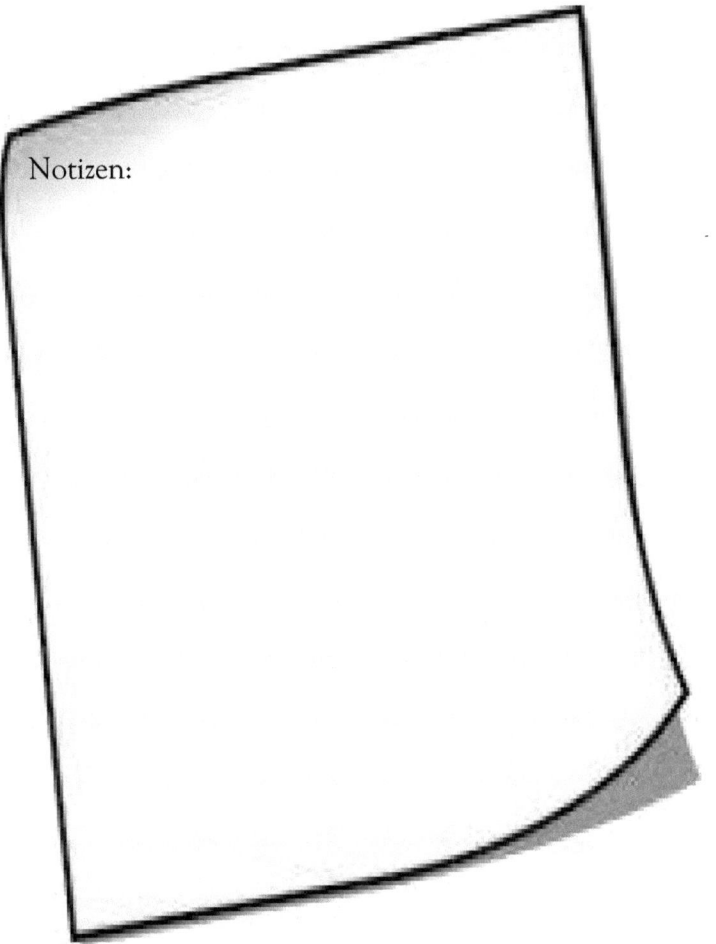

Notizen:

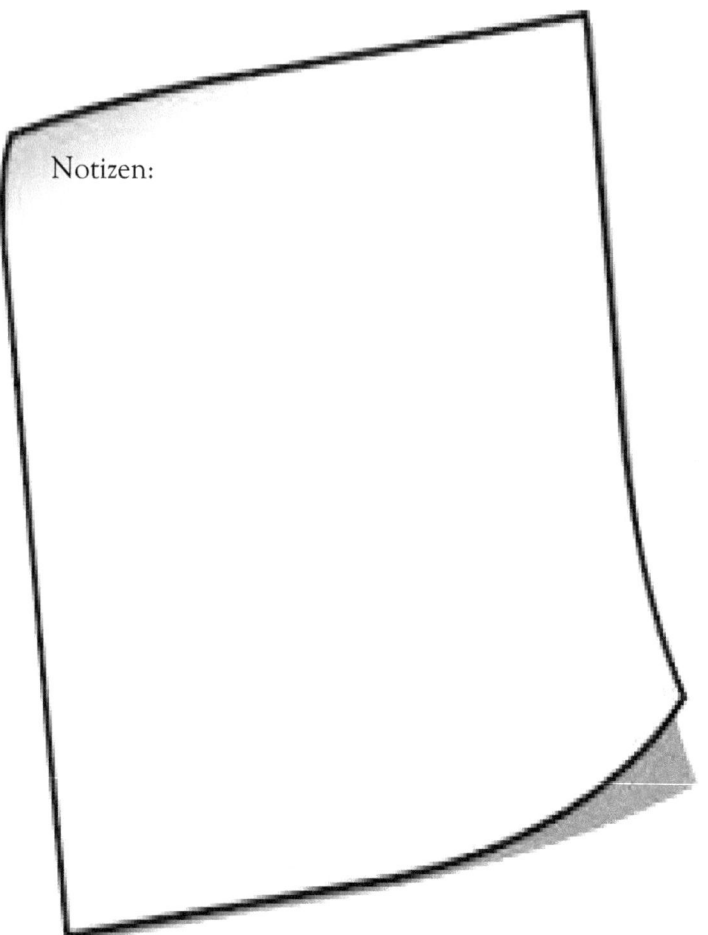

Notizen:

An dieser Stelle sei gesagt, dass jede Antwort richtig sein kann.

Der Teddybär kann sich sowohl gebraucht und somit glücklich fühlen, als auch ausgenutzt und enttäuscht.

Hier kommt es immer auf die Vorgeschichte und weitere Faktoren an.

Behandle jeden Menschen mit dem Respekt, den er verdient hat!

Hat er in deinen Augen keinen verdient, solltest du dich vielleicht fragen, was bei dir falsch läuft!?

Roberto Iaquinta

Kapitel 2

Der Erklärbär

Kommen wir nun zu dem für alle anderen Bären wahrscheinlich anstrengendstem Bärentypen.

Der Erklärbär zeichnet sich ganz besonders durch eine Eigenschaft aus.

Er hinterfragt grundsätzlich erst mal alles und jeden.

Folgende Fragen stellt sich der Erklärbär:

Kann das wirklich richtig sein?

Habe ich alles erledigt?

Kann man das nicht anders oder sogar besser machen?

Habe ich bereits alle Weihnachtsgeschenke besorgt? Wir haben nämlich bereits August!

Habe ich alles eingekauft für die Feier in 4 Wochen?

Sind die Koffer für den Urlaub bereits gepackt? Wir fahren schließlich in 5 Tagen!

Wie ihr sehen könnt, ist der Erklärbär von allen Bärentypen der mit Abstand zuverlässigste und gewissenhafteste von allen.

Der Erklärbär plant alles immer akribisch und weit im Voraus.

Außerdem liebt es der Erklärbär immer auf alles vorbereitet zu sein.

Der Erklärbär würde auch niemals zu einem Termin zu spät kommen, es sei denn, irgendetwas ist passiert.

Kommt der Erklärbär dann zu spät, sieht seine Entschuldigung hierfür meist wie folgt aus:

Mein Auto, ist trotz regelmäßiger Inspektionen durch die Fachwerkstatt in meiner Nähe, zu der ich bereits seit 15 Jahren gehe und bei der es noch nie Schwierigkeiten gegeben hat, nicht angesprungen.

Deshalb musste ich heute leider den Bus nehmen, der trotz dem von mir für solch einen Fall eingeplanten Puffer, zu spät kam, weshalb ich den Anschluss verpasst habe und deshalb heute leider zu spät zur Arbeit gekommen bin.

An dieser Stelle würde ich euch einmal kurz zeigen, was die anderen Bären sich in diesem Moment denken:

Hinsetzen und Fresse halten!

-Bossbär-

Oh du Arme/r du tust mir ja sooo leid!

-Teddybär-

Chill mal dein Leben, ich bin auch gerade erst gekommen!

-Crazybär-

Nach dem ihr alle Bärentypen kennengelernt habt, werdet ihr euch in diese Aussagen, besser reinversetzen können.

Welche Aussage würde am ehesten auf dich zutreffen, wenn du so eine Erklärung hören würdest?

Brotzeitbox ist gepackt und alles für den heutigen Tag ist perfekt vorbereitet!

Kapitel 3

Der Bossbär

Der Bossbär, unterscheidet sich komplett, von allen anderen Bärentypen.

An dieser Stelle sei gesagt, dass dies in keinster Weise etwas schlechtes oder gar abwertend gemeint ist.

So wie es Teddybären gibt, muss es auch Bossbären geben, da es ohne, nicht funktionieren würde.

Was macht den Bossbären aus und welche Fragen stellt sich wohl der Bossbär den lieben langen Tag:

Was habe ich davon, dass es andere Menschen gibt?

Was bringen mir die anderen eigentlich?

Wieso tue ich mir das hier eigentlich an?

Wieso ist keiner so cool und schlau wie ich?

Sehe ich so gut aus oder die anderen einfach alle nur so schlecht?

Hier an dieser Stelle, darfst du dir gerne einmal ein paar Gedanken machen, über weitere mögliche Fragen, die sich der Bossbär stellen könnte:

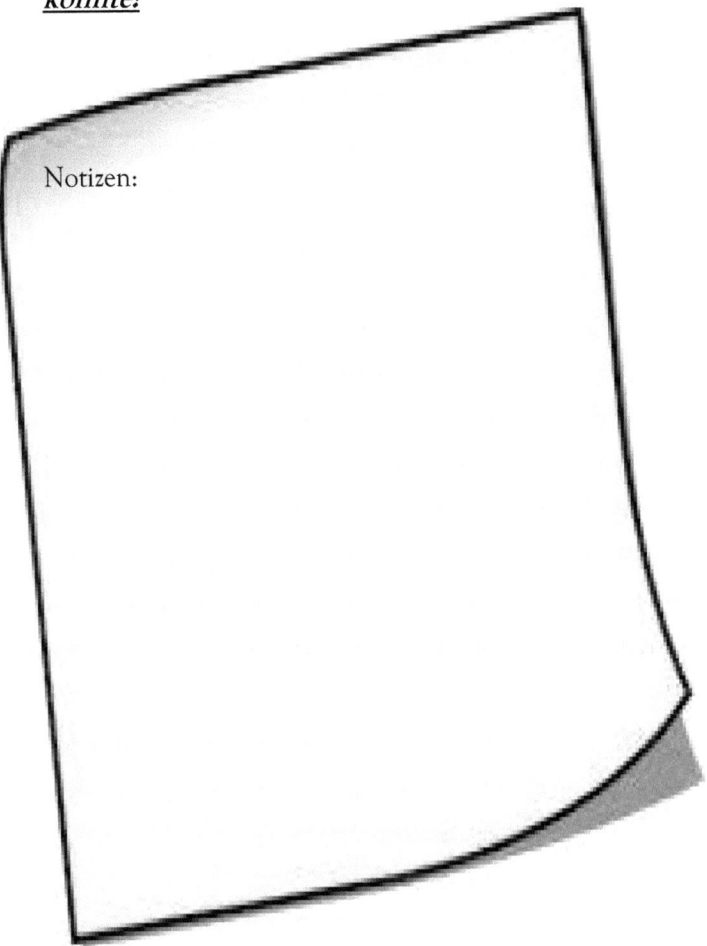

Notizen:

Der Bossbär, ist wie der Name schon sagt, meist in einer führenden Position oder selbst Unternehmer.

Was für einen Bossbären eher nicht in Frage kommen würde, wäre eine Anstellung in einem Unternehmen, ohne Führungsverantwortung, da er sich sonst unterfordert und nicht gerecht behandelt fühlen würde.

Bossbären sind schlechte Verlierer und sind ehrgeizig und absolut verbissen!

Was sie aber auch meistens sehr erfolgreich macht.

Leider sind Bossbären keine guten Zuhörer und interessieren sich nur selten für die Probleme anderer, was sie für alle anderen Bärentypen, eher kalt und herzlos erscheinen lässt.

Tatsächlich könnte man sagen, dass Bossbären sehr häufig absolute Workaholics sind und teilweise auch an einer narzisstischen Persönlichkeitsstörung leiden.

Sie empfinden keine Empathie für andere und ihre Zeit ist auch zu kostbar, um sie mit den Problemen anderer zu verschwenden.

Bossbären sind meistens sehr gepflegt und absolut Eitel und arrogant.

Versteht mich hier wie gesagt bitte nicht falsch.

Um ein Gleichgewicht herzustellen, sind Bossbären natürlich sehr wichtig, doch wenn der Boss-Anteil zu hoch ist oder gar gegen 100 Prozent geht, ist mit diesen Menschen nicht gut Kirschen essen.

<u>Überlege dir an dieser Stelle bitte einmal, wie hoch dein Boss-Anteil ist und woran du diesen, bei dir festmachen würdest?</u>

O 0-10 Prozent

O 10-30 Prozent

O 30-50 Prozent

O 50-70 Prozent

O 70-90 Prozent

O 100 Prozent

Wer keine Gefühle für andere hat, hat auch keine Gefühle für sich selbst!

Selbstliebe ist der Schlüssel zu Empathie und Nächstenliebe.

Roberto Iaquinta

Kapitel 4

Der Crazybär

Kommen wir nun zum Crazybär.

Der Crazybär ist der ewige Kindskopf, der einfach nicht Erwachsen werden will.

Bei ihm geht es eigentlich immer um die gleichen Themen und dieselben Fragen:

Wo und wann ist die nächste Party?

Wann ist eindlich Wochenende?

Wo kann man hier eigentlich die schönsten Bärenweibchen finden?

Ist noch genug Alkohol da?

Wie du siehst, ist der Crazybär im Großen und Ganzen ein sehr ausgeflippter und umgänglicher Zeitgenosse.

Ihm ist eigentlich alles komplett egal aber im Gegensatz zum Bossbär, liegt es nicht daran, dass er nicht empathisch wäre, sondern einfach daran, das er einfach sein Leben chillt.

Er macht sich nichts aus zu viel Stress und findet immer Mittel und Wege, viel aus wenig raus zu holen.

Grundsätzlich geht es diesem Bärentypen darum, einfach Spaß zu haben und alles nicht so ernst zu nehmen.

Trinken, lachen und Party machen zählen somit zu den größten Hobbys des Crazybären, was ihn grundsätzlich, zu einem sehr lustigen und absolut umgänglichen Typen macht.

Was könnten die größten Herausforderungen, für einen Crazybären, in der Zukunft werden?

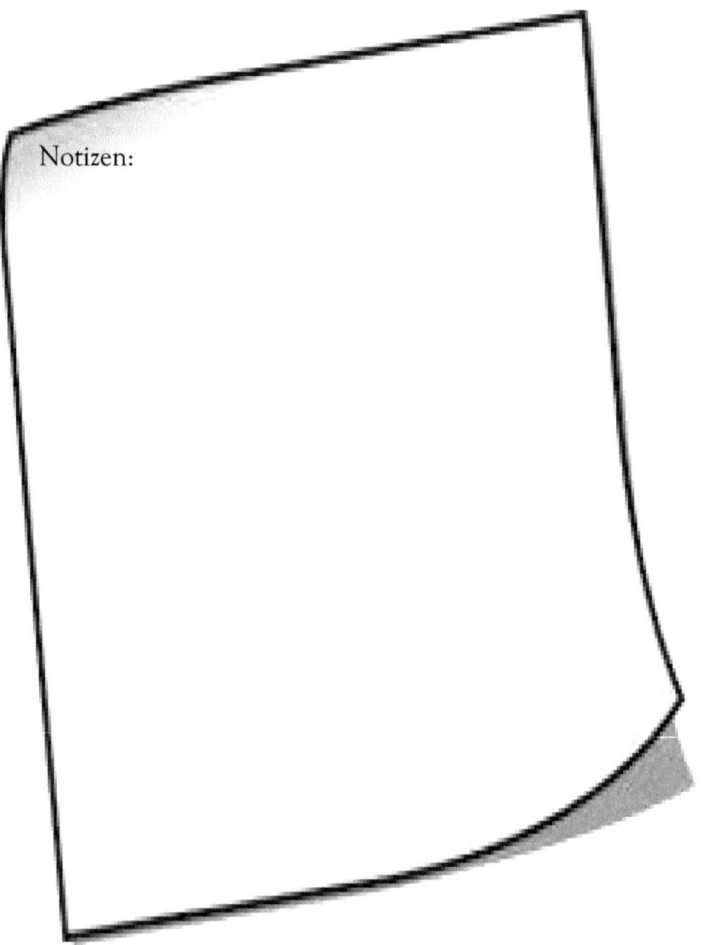

Notizen:

Kapitel 5

Der Teddybär in einer Beziehung

__Was denkst du, wie sich der Teddybär in einer Beziehung wohl verhalten könnte?__

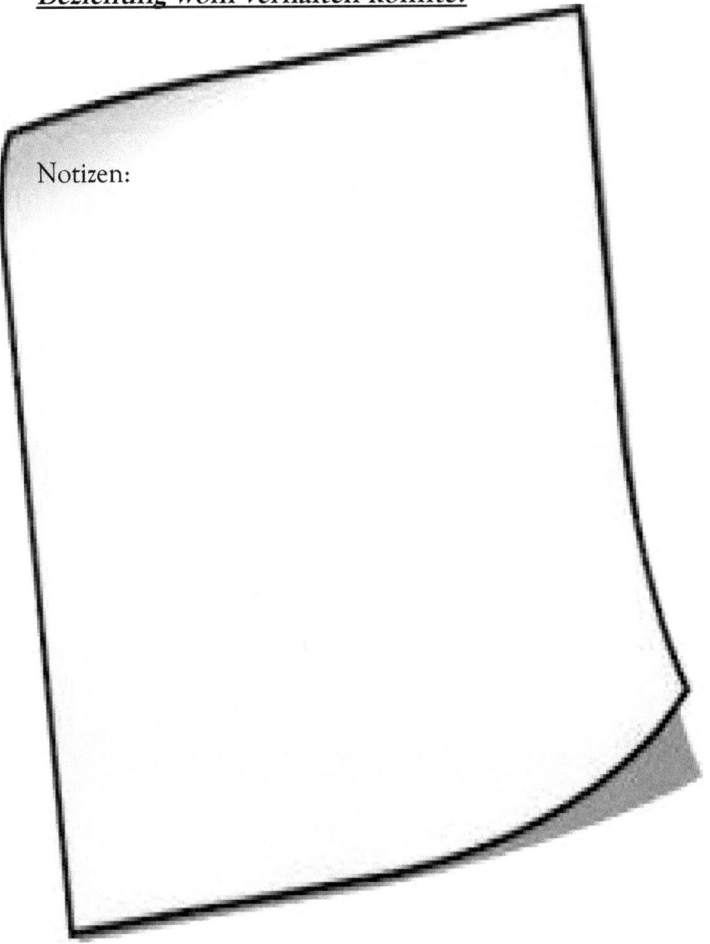

Notizen:

Der Teddybär ist in einer Beziehung der verschmuste und eher zurückhaltende Partner, der dem anderen versucht, alle seine Wünsche zu erfüllen und immer für ihn da zu sein.

Oft stellt er dabei die Bedürfnisse seines Partners über seine eigenen Bedürfnisse.

An dieser Stelle sei gesagt, dass es dem Teddybären aber absolut nichts ausmacht, seine Bedürfnisse hinten an zu stellen, da er alles was er tut, aus Liebe und mit vollem Herzen tut.

Der Teddybär liebt es zu verwöhnen, möchte aber auch selbst verwöhnt werden und legt sehr viel Wert auf gemeinsame Zeit und Zärtlichkeit in der Beziehung.

Er sagt dir ständig, dass er dich liebt und wie schön oder perfekt du bist und ist zufrieden, wenn du seine Liebe erwiderst.

Er versucht dir wortwörtlich die Sterne vom Himmel zu holen und gibt sich in allen Bereichen der Beziehung sehr viel Mühe, um dich glücklich zu machen und zufrieden zu stellen.

Auch das Thema Sexualität spielt für ihn eine große Rolle.

Hier geht es weniger um den Akt an sich, als um die intensive und absolute Verbundenheit, die dadurch entsteht.

Liebe zu geben und auch geliebt zu werden, sind mit die wichtigsten Dinge, die ein Teddybär braucht, um wirklich glücklich zu sein.

Er ist auf seinen Partner fixiert und kann und will nicht ohne seinen Partner.

Meist teilen sie sogar dieselben Hobbys oder Interessen was für den Teddybären charakteristisch ist.

Der Teddybär, möchte so viel Zeit wie möglich mit seinem Partner verbringen und macht sich, fast schon von diesem abhängig.

Im Idealfall entsteht zwischen beiden Partnern eine Symbiose.

Sie treffen Entscheidungen mit bedacht und mit ihrem Partner zusammen.

Wenn dies alles funktioniert, stellt sich beim Teddybär das Gefühl der Zufriedenheit und absoluter Glückseligkeit ein.

Wen der Teddybär liebt, den liebt er aus tiefstem Herze,
und mit allem, was er hat und geben kann!

Roberto Iaquinta

Kapitel 6

Der Erklärbär in einer Beziehung

Beim Erklärbär verhält sich eine Beziehung eher pragmatisch.

Hier muss immer alles genau geplant sein und Spontanität steht eher nicht an der Tagesordnung.

Und genau das ist der Grund dafür, weshalb es bei ihm immer wieder zu Streit und meistens anschließenden, sehr leidenschaftlichen Versöhnungen kommt.

Da der Erklärbär im Gegensatz zum Bossbär eher empathisch ist, kann er nach einem Streit, meistens nicht lange böse sein und wünscht sich die Versöhnung.

Was aber dazu führt, dass es in dieser Beziehung ständige Aufs und Abs gibt, die gerade im Umfeld oder Freundeskreis, schnell dazu führen, dass diese genervt sind.

Das klingt alles ziemlich anstrengend oder?

<u>*Schreibe in ein paar Stichpunkten zusammen,*</u>
<u>*wieso das Ganze aber auch ziemlich aufregend sein*</u>
<u>*kann?*</u>

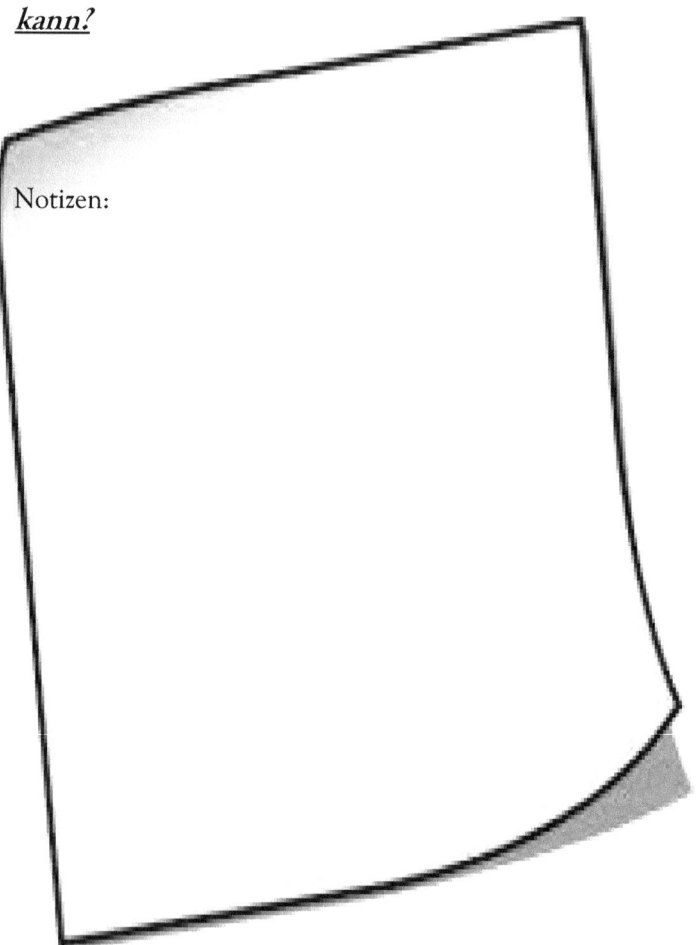

Notizen:

In der Beziehung des Erklärbären herrscht ständige Spannung, die sie auseinander treibt und leidenschaftliche Anziehung, die sie wieder zusammenbringt.

Wenn beide Partner einen hohen Erklärbär - Anteil haben, ist das Ganze auch absolut kein Problem, da die beiden immer wieder zusammenfinden werden.

Ist das allerdings nicht der Fall, kommt es hier zu häufigen Trennungen die meist nur von kurzer Dauer sind, bis hin zur endgültigen Trennung, weil einer der beiden Partner irgendwann einfach aufgibt.

Grundsätzlich muss man aber sagen, dass es sich in der Beziehung mit dem Erklärbär immer lohnt zu kämpfen, da dieser absolut treu, loyal und liebevoll ist und somit den perfekten Partner, fürs Leben darstellt.

Beim Thema Sexualität, ist der Erklärbär wie bei allen anderen Themen, sehr Wissbegierig und Experimentierfreudig, was das Ganze zu einem sehr aufregenden und lustvollen Erlebnis für beide Seiten machen kann.

Wer also gerade erkannt hat, dass er in einer Beziehung mit einem Erklärbär ist oder sich vielleicht selbst als solchen erkannt hat, sollte an dieser Stelle vielleicht nochmal darüber nachdenken, ob es nicht vielleicht doch Sinn macht, nicht immer gleich aufzugeben und manchmal vielleicht etwas mehr zu kämpfen!

Man weiß nie was die Zukunft bringt, es aber nicht zu versuchen, macht absolut keinen Sinn!

Roberto Iaquinta

Kapitel 7

Der Bossbär in einer Beziehung

Der Bossbär ist der absolute Kontrollfreak und ist in einer Beziehung sehr dominant.

Genau deswegen, gibt es in dieser Beziehung eigentlich immer Drama und es ist auch immer alles sehr aufreibend und stellenweise sehr verletzend.

Irgendwas ist eigentlich immer!

Es geht meist um Themen wie Eifersucht, Unaufmerksamkeiten und sonstige, ständige kleine Streitereien.

Der Bossbär, verbringt auch eher selten Zeit mit seinem Partner gemeinsam und neigt eher dazu, seinem Partner nicht immer treu zu sein.

Er liebt die Bestätigung von außen und braucht diese auch, um sich weiterhin stark und männlich/weiblich zu fühlen.

Ihre Entscheidungen in der Beziehung gründen sie sehr oft, auf die negativen Erfahrungen und sind dann die Grundlage dieser Entscheidung.

Hier geht es irgendwann nur noch darum, den anderen zu verletzen und zu zeigen, wer der Stärkere ist.

Das dies natürlich für eine Beziehung nicht gerade förderlich ist, sollte denke ich jedem klar sein.

Auch in dieser Beziehung gibt es ständige Aufs und Abs aber im Gegensatz zum Erklärbär, schwankt die Leidenschaft und Hingabe zueinander in der Beziehung mit dem Bossbär doch sehr stark.

Mal ist es die leidenschaftliche Versöhnung, mit Sex der seines gleichen sucht, da hier die Dominanz und Stärke bei der Versöhnung voll und ganz ausgelebt wird.

Und dann, wird sich zwar versöhnt aber von Leidenschaft und Hingabe fehlt jegliche Spur.

Dann wird einfach nur ein Programm abgespult und fertig.

Deshalb überrascht es auch nicht, dass nach einer gewissen Zeit, einer oder beide Partner die Beziehung in einem schlechten Licht sehen und einfach aufgeben, weil es für sie keinen Sinn mehr macht.

Bossbären haben nicht gerade die größten Chancen auf eine glückliche Beziehung, wenn sie nicht einen Partner finden, der ihnen all den Freiraum gibt den sie brauchen und der über viele Dinge hinwegsehen kann.

Kapitel 8

Der Crazybär in einer Beziehung

Party on!

Das ist und bleibt, für den Crazybär, auch das Motto in einer Beziehung.

Er braucht einen Partner, der mit ihm mithalten kann und der gerne unter Leuten ist.

Er ist gerne unterwegs und genießt die Zweisamkeit mit seinem Partner nicht nur alleine daheim, sondern liebt die Geselligkeit und den gemeinsamen Freundeskreis.

Beim Crazybär ist es so, dass der gemeinsame Freundeskreis mit seinem Partner, die Beziehung prägt und er fühlt sich seinem Partner dadurch näher und stärker verbunden.

Auch Entscheidungen werden hier oft gemeinsam oder sogar gemeinsam mit dem Freundeskreis getroffen.

Der große Pluspunkt ist hier, dass der Crazybär nicht nur dein Partner ist, sondern auch dein bester Freund.

Diese Art der Beziehung ist sicherlich nicht jedermanns Sache aber auch der Crazybär wird mal älter und die Partyzeit geht irgendwann zu ende.

Was dir dann bleibt, ist ein bester Freund und Partner und ein großer Freundeskreis.

Außerdem ist der Crazybär zwar sehr gerne unter Menschen, genießt aber auch die Zweisamkeit mit dir und ist immer für einen Spaß zu haben.

Der Crazybär, ist bester Freund und Partner zugleich!

Leben, lieben und lachen sind sein Motto und seine Bestimmung!

Roberto Iaquinta

Kapitel 9

Bärenkonstellationen

Folgende Konstellationen funktionieren sowohl auf freundschaftlicher Ebene als auch in einer Beziehung:

Teddybär   →   Erklärbär

Der Erklärbär redet gerne und viel, was dem Teddybär die von ihm so sehr gewünschte Aufmerksamkeit gibt, wodurch er sich wiederum verstanden und geliebt fühlt.

Der Erklärbär vermittelt ein Gefühl von Vertrauen und der Teddybär gibt dem Erklärbär alles was in seiner Macht steht, weshalb diese Konstellation nahezu perfekt ist.

Bossbär   →   Crazybär

Sowohl der Bossbär, als auch der Crazybär, reden gerne über sich, weshalb es den anderen nicht stört.

Hier gibt es zumindest eine Schnittmenge, was aber nicht bedeutet, dass es eine perfekte Konstellation ist.

Aber zumindest ist es mit ein wenig Anstrengung und Arbeit von beiden Seiten möglich, eine ernsthafte und glückliche Beziehung zu führen.

Erklärbär   →   Bossbär

Bei dieser Konstellation, ist es ähnlich wie bei der vorherigen Konstellation.

Auch hier bedarf es einem gegenseitigen Entgegenkommen, was aber dann durchaus zu einer sehr harmonischen und liebevollen Beziehung führen kann.

Erklärbär → Bossbär

Die liebevolle und absolut aufopfernde Art des
Teddybären, verschafft dem Crazybär etwas Ruhe
und Entspannung in seinem sonst sehr turbulenten
und eher unstrukturierten Leben.

Wenn der Crazybär sich darauf einlässt und auf
Grund der Gefühle zum Teddybär endlich
erwachsen wird, kann diese Konstellation ebenfalls
annähernd perfekt funktionieren.

Leider ist es wie so oft im Leben so, dass es
natürlich für nichts eine Garantie gibt und das man
ohne etwas Anstrengung und Zusammenhalt nichts
gemeinsam erreichen kann.

Es wird in jeder Konstellation einmal Streit geben.

Und es werden mit Sicherheit auch mal Zeiten
kommen, wo sich einer oder beide wünschen, dass
es vorbei ist.

Aber genau an diesem Punkt, müsst ihr
zusammenhalten und es gemeinsam schaffen, denn
dann seit ihr irgendwann unaufhaltbar.

Leider scheitern die meisten Beziehungen genau an
diesem Punkt!

Denkt also bitte immer darüber nach und überlegt euch genau, was ihr an eurem Partner so liebt und warum ihr euch damals für ihn oder sie entscheiden habt.

Wenn ihr euch das in Erinnerung ruft, werdet ihr gerne jedes Problem gemeinsam lösen!

Liebe ist, nicht nur die guten Zeiten miteinander zu erleben, sondern auch die schlechten Zeiten miteinander durchzustehen!

Roberto Iaquinta

Kapitel 10

Der Teddybär nach einer Trennung

Teddybären, haben eine stark
ausgeprägte Trennungsangst, die zweischneidig ist.

Sie sind auf der einen Seite sowohl ängstlich
gegenüber eigenen Trennungen, haben aber auch
furchtbare Angst davor verlassen zu werden.

Sie wollen niemanden verletzen und sorgen sich
stark darum, dass der Andere seine Bedürfnisse
nicht erfüllt bekommt.

Das verleitet viele dazu, zu glauben, dass sie sie
nicht befriedigen könnten und nicht gut genug für
den Partner sind.

Und an dieser Stelle, kommen wir bereits zu einem
der größten Probleme, für Teddybären.

Denn wird der Teddybär verlassen, dann sieht er
sich in all diesen Annahmen und Vermutungen
bestätigt.

Er glaubt felsenfest daran, dass er an der Trennung schuld ist, da er die Bedürfnisse seines Partners nicht erfüllen konnte.

Der Teddybär, wird also alles versuchen, um seinen Partner wieder für sich zu gewinnen und ihm zu beweisen, dass er alle seine Bedürfnisse erfüllen kann.

Dies geht oft, bis hin zur Selbstaufgabe, nur um den Partner nicht zu verlieren.

In der Trennungsphase, überlegt der Teddybär fast ununterbrochen, wie er seinen Partner davon überzeugen kann, dass er der Richtige ist.

Das führt sehr häufig dazu, dass der Teddybär alles andere um sich herum vergisst.

Nicht selten kommt es dazu, dass der Teddybär dadurch seine Freunde und seinen Job vernachlässigt, da er an nichts anderes mehr denken kann, als daran, seinen Partner zurück zu bekommen.

Wenn alle Versuche allerdings scheitern, zerbricht der Teddybär innerlich.

Er fühlt sich verloren und leer und beginnt damit, die Fehler bei sich zu suchen.

Er kann und will es nicht verstehen, wieso der Partner nicht wieder zurückkommen möchte und fällt dadurch in ein tiefes Loch aus Kummer und Schmerz.

Der Teddybär, verliert in dieser Zeit, sehr häufig alle sozialen Kontakte und auch nicht selten seinen Job, da er auf Grund der tiefen psychischen Verletzung, nicht in der Lage ist, weiterhin klar und rational zu denken.

Er meidet soziale Kontakte, da er durch die Trennung und den dadurch entstandenen Kummer, sich wieder in seinem Glauben bestätigt fühlt, dass er für nichts und niemanden gut genug ist.

Außerdem möchte der Teddybär mit seinem Kummer niemandem zur Last fallen.

Erst nach einigen Monaten und in Einzelfällen auch nach Jahren und nur mit Hilfe von Experten, können Teddybären, die Trennung verarbeiten und wieder positiv in die Zukunft blicken.

Eines bleibt aber immer und das ist die Angst davor, in der nächsten Beziehung wieder verletzt zu werden, weil man vielleicht wieder nicht genug war.

Kapitel 11

Der Erklärbär nach einer Trennung

Beim Erklärbär, haben wir in Sachen Beziehung, eher einen sehr rationalen Typen, der eine Beziehung und seinen Partner eher pragmatisch sieht.

Er ist meistens nicht sonderlich eifersüchtig, da er hierfür absolut keinen Grund sieht.

Er betrachtet die Beziehung eher nüchtern, was aber natürlich nicht bedeutet, dass der Erklärbär keine Gefühle für seinen Partner hat.

Nach einer Trennung, verhält sich der Erklärbär, deshalb sehr häufig ebenfalls eher rational und sucht nach logischen Gründen, die die Trennung begründen.

Findet er solche Gründe, kann der Erklärbär die Beziehung für sich abschließen.

Auch der Erklärbär, leidet natürlich unter einer Trennung, für ihn ist es nur leichter damit umzugehen, wenn er die Trennung auf logische Weise begründen kann.

Selbst wenn der Erklärbär, noch Gefühle für seinen Partner hat, wird er in den seltensten Fällen, den ersten Schritt machen, da er ja auf Grund seiner für ihn logischen Schlussfolgerung, die Trennung akzeptiert.

Wenn dann, müsste schon der Partner auf ihn zukommen und ihn mit ebenfalls logischen und nachvollziehbaren Gründen davon überzeugen, dass die Beziehung doch noch einen Sinn macht.

Wenn es aber bei der Trennung bleibt, geht der Erklärbär, seinem Alltag in gewohnter Form nach und wird sich zumindest im Job und bei Bekannten, nichts weiter anmerken lassen.

Er spricht wenn dann, mit seinen Freunden über alles und versucht auch hier, alles auf logische Weise zu begründen und zu hinterfragen.

In solchen Situationen, ist auch der Erklärbär, durchaus emotional und trauert auch mal aber er ruft sich schnell wieder in Erinnerung, dass das Leben weiter geht und das es ja für alles einen Grund gibt.

Nach dem du nun die ersten zwei Bärentypen, nach einer Trennung kennengelernt hast, würde ich dich bitten, hier ein paar Stichpunkte zu notieren, die dein Verhalten nach einer Trennung aufzeigen:

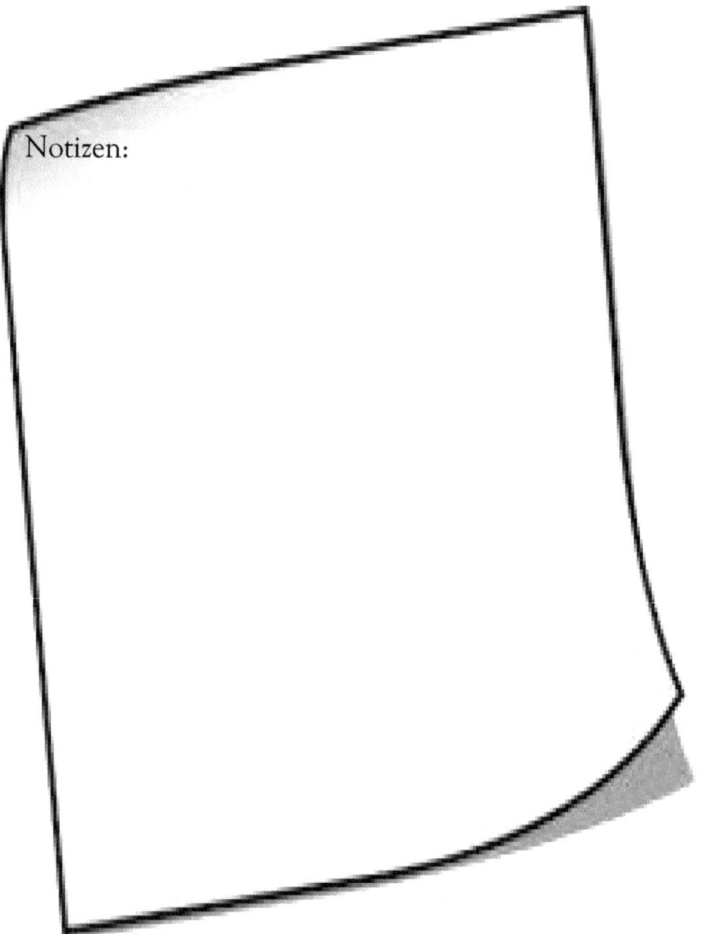

Notizen:

Kapitel 12

Der Bossbär nach einer Trennung

Was denkst du, wie sich der Bossbär, nach einer Trennung wohl verhalten wird?

Notizen:

Beim Bossbär gibt es zwei unterschiedliche Möglichkeiten, wie er sich nach einer Trennung verhalten könnte:

Verleugnen:

Nach der Trennung, flüchtet sich der Bossbär sehr gerne in seine Arbeit oder geht Abends wieder öfter einen trinken, um sich von der Trennung, sie ihm aber gegenüber anderen ja absolut nichts ausmacht, zu verarbeiten.

Hier ist es nicht selten so, dass sich der Bossbär sehr schnell eine neue Partnerin sucht, um dieses Konstrukt, um die Lüge, dass es ihm nichts ausmachen würde auch aufrecht zu erhalten.

Der neue Partner, ist also in diesem Fall, oft nur Mittel zum Zweck, weshalb diese Beziehung meist schon von Anfang an zum Scheitern verurteilt ist.

Auch hier kristallisiert sich wider eindeutig heraus, dass der Bossbär nur auf sich und sein eigenes Wohl und seinen Ruf bedacht ist.

Toxisch:

Beginnen wir an dieser Stelle einmal mit typischen Anzeichen, die Menschen in einer toxischen Beziehung benennen:

- Ununterbrochene Gereiztheit

- Stete Sorge um die Beziehung

- Häufig sehr unterschiedliche Nähe-Distanz-Bedürfnisse

- Erhebliche Kommunikationsprobleme

- Manipulation und Beeinflussung eines Partners

- Rücksichtsloses Durchsetzen eigener Wünsche

- Mangel an Respekt und Toleranz

- Beständiges Zweifeln und Grübeln über die Verbindung

- Permanente Unsicherheit

- Übergriffiges und gewalttätiges Verhalten

- Ermüdende, immer wiederkehrende Beziehungs-Dynamiken

Und genau mit diesen Anzeichen, beginnt die Toxische Beziehung meistens, weshalb es an dieser Stelle ganz klar sein müsste, dass eine Trennung von diesem Beziehungstypen, nicht leicht werden wird.

Der toxische Bossbär, möchte nämlich die absolute Kontrolle haben und kann mit einem Kontrollverlust, durch eine Trennung, absolut nicht umgehen.

Nicht selten ist es dann der Fall, dass der toxische Bossbär, seinen Ex-Partner, nach der Beziehung stalkt und ihn mit Geschenken und Nachrichten überhäuft.

Er hat zum einen furchtbare Angst davor, dass sich sein Ex-Partner jemanden neuen suchen könnte, weshalb er versucht durch das Stalking, genau das herauszufinden und andererseits möchte er seinen Ex-Partner unbedingt zurück, da er somit auch wieder die Kontrolle zurück bekommt.

Funktioniert das alles nicht und der Ex-Partner, geht diesmal nicht auf die Versuche des toxischen Bossbären ein, dann kann das Ganze, schnell sehr unangenehme und teilweise auch gewalttätige Formen annehmen.

Wie ihr also sehen könnt, kann der Bossbär sowohl als Verleugner, als auch als toxischer Bossbär, nach einer Trennung auftreten.

 Egal wie, ist der Bossbär in keiner der beiden Varianten, jemals ehrlich zu sich selber und steht somit auch nicht zu seinen Gefühlen.

Denn wenn er diese verleugnet, wird er auf die Dauer nicht glücklich und wenn er eher zur toxischen Seite tendiert, dann hat er in Wahrheit wahrscheinlich niemals wirklich geliebt und verletzt somit seinen Ex-Partner nur noch mehr.

Egal welche der beiden Varianten der Bossbär wählt, führt es letzten Endes immer zum gleichen Ergebnis:

Er verliert seinen Partner und bleibt wieder entweder unglücklich oder alleine!

Kapitel 13

Der Crazybär nach einer Trennung

Der Crazybär, ist nach einer Trennung, eher relaxt und nimmt diese, wie auch alles andere im Leben, meist nicht so ernst.

Nicht selten ist es der Fall, dass der Crazybär, seine Partner häufig wechselt und es ihm nur um Spaß geht, weshalb er eher selten eine wirklich feste Bindung eingeht und somit wirkliche Gefühle zulässt.

Selbst dann, wenn er sich bereits seine Hörner abgestoßen hat, ist der Crazybär in einer Beziehung eher unkompliziert und locker, weshalb er auch mit einer Trennung relativ entspannt umgeht und noch am ehesten der Typ, für eine Freundschaft, auch nach der Beziehung ist.

Das liegt auch meistens daran, dass der Crazybär und sein Partner, sich nicht selten den gleichen Freundeskreis teilen oder der Partner aus dem Freundeskreis stammt.

Kapitel 14

Der Teddybär im Job

Vorteile

Der Teddybär weist gewisse Parallelen zum Erklärbär und ein klein wenig zum Bossbär auf, da er die Sache analytisch und gleichzeitig kritisch angeht.

Bevor ein Schritt in die falsche Richtung getan wird, müssen alle Konsequenzen abgewägt werden:

Wie wirkt sich welche Entscheidung aus?

Was könnte hier schief gehen?

Der Teddybär ist nicht grundsätzlich gegen alles Neue, aber er mag sich auch nicht völlig kopflos irgendwelchen naiven Träumen hingeben, ohne die Risiken zu beachten.

Er sieht vielmehr das große Ganze und denkt lieber etwas länger nach, um größeren Schaden zu vermeiden.

Nachteile

Diese Herangehensweise merzt zwar etliche
Gefahren aus, aber hundertprozentige Sicherheit
kann es nie geben.

Genau die wünscht sich jedoch der Teddybär, was
im Umkehrschluss dazu führen kann, dass er lange
braucht, um Entscheidungen zu treffen und sich
dennoch unwohl dabei fühlt.
Besser wäre es, wenn er sich einfach mal ohne
große Vorüberlegungen auf eine Aufgabe stürzen
würde um dann festzustellen, dass es funktionieren
kann und die Welt nicht untergeht, wenn zuvor
nicht unendlich geprüft wurde.

Kapitel 15

Der Erklärbär im Job

Vorteile

Gut geplant ist die halbe Miete – das ist die Devise des Erklärbären.

Sie planen und organisieren, was das Zeug hält.

To-do-Listen abzuhaken betreiben Sie als Sport.

Darin steckt natürlich ein großer Vorteil:

Ihnen kann der Bossbär, völlig sorglos die Planung des nächsten Betriebsausflugs übertragen ohne befürchten zu müssen, dass alles im Chaos endet. Beim Erklärbär, ist im Vorfeld klar, dass er pünktlich zum Meeting seine Präsentation fertig und sogar genügend Zeit für Fragen eingeplant hat.

Nachteile

Sobald etwas Unvorhergesehenes passiert, wird es schwierig,

Nervosität macht sich breit.

Denn der Planbarkeit sind Grenzen gesetzt, alle Eventualitäten können nicht bedacht werden.

Erklärbären ist es wichtig, dass ihr Plan aufgeht, denn das vermittelt ihnen ein Gefühl von Sicherheit und Kontrolle.

Das kann mangelnde Flexibilität zur Folge haben, daher sollten Erklärbären lernen gelassener zu reagieren, wenn etwas mal nicht nach Vorschrift läuft.

Auch ein Blick auf andere Kollegen lohnt sich, die sich häufig auf den Erklärbär verlassen:

Sehr gerne, werden unliebsame Aufgaben bei ihm abgeladen.

Der Erklärbär, ist also ein absoluter Planer, der ohne seine tägliche Planung aufgeschmissen wäre.

Wenn alles nach Plan läuft, dann kann man sich auf ihn zu 100 Prozent verlassen.

Kapitel 16

Der Bossbär im Job

Vorteile

Jung, dynamisch, erfolgreich und fast schon herrschsüchtig – das ist die Kurzbeschreibung dieses Bossbären.

Der Bossbär packt alles sofort an, er sieht die Arbeit.

Eine sorgfältige Planung braucht er dafür nicht, gerne packt er mit großem Engagement auch neue Aufgaben an.

Taten statt Worte, bloß keine Zeit verschwenden.

Mit diesem Schwung kann er andere Kollegen mitreißen, die kurz zuvor noch völlig lethargisch waren.

Nachteile

Andere Kollegen fühlen von diesem Arbeitstyp
möglicherweise überrumpelt und dann demotiviert.

Da der Bossbär ständig in action ist, läuft er
Gefahr, sein Privatleben zu vernachlässigen.
Besser wäre es daher, wenn er lernen würde,
Aufgaben mal an andere zu delegieren.

Da er aber auch ein absoluter Kontrollfreak ist,
kann es ihm sowieso keiner recht machen, weshalb
er die wichtigen Arbeiten dann selbst erledigt.

Geht es nicht nach seiner Nase, dann kann der
Bossbär, schnell böse und teilweise auch aggressiv
werden.

Nicht selten kommt es vor, dass der Bossbär in
führender Position einen Mitarbeiter entlässt, weil
ihm gerade etwas gegen den Strich geht und genau
dieser Mitarbeiter an diesem Tag, etwas nicht zu
seiner Zufriedenheit erledigt hat.

Der Bossbär ist also mit Vorsicht zu genießen.

Kapitel 17

Der Crazybär im Job

Vorteile

Das absolute Gegenteil vom Erklärbär, ist der Crazybär.

Sein Motto: **Das Genie beherrscht das Chaos**.

Er ist so ein bisschen wie der Klassenclown zu Schulzeiten, sein Humor und seine Ideen können eine echte Bereicherung sein.

Mit Neuerungen hat er weniger Probleme, weshalb er anderen an dieser Stelle zur Seite springt.

Seine Vorgehensweise wird vom Lustprinzip diktiert:

Das was interessant zu sein scheint,
wird neugierig erkundet – dringendere Dinge
können so nach hinten fallen.

Nachteile

Und darin liegt bereits das Problem:

Der Crazybär hat eher
Schwierigkeiten, Deadlines einzuhalten.

Seine Zuverlässigkeit ist insgesamt etwas
ausbaufähig, denn vergesslich ist er ebenfalls hin
und wieder.

Das bringt nicht nur ihn in die Bredouille, sondern
andere Kollegen ebenfalls.

Der Crazybär ist der Kollege, mit dem alle Spaß
haben, der aber nicht gerade sehr zuverlässig ist.

Trotzdem mag ihn jeder und wenn wir ganz ehrlich
sind, dann braucht doch jedes Unternehmen,
mindestens einen Crazybären, um die Stimmung
aufrecht zu erhalten.

Kapitel 18

Der Teddybär als Freund

Der Teddybär ist als Freund, so ziemlich das Beste, was dir passieren kann.

Er ist die Art von Freund, den du auch Nachts um 2 anrufen kannst, um ihm dein Herz auszuschütten.

Er hört gerne zu und ist mit voller Aufmerksamkeit bei der Sache.

Er ist immer auf deiner Seite, auch wenn du vielleicht nicht im Recht bist.

Er weiß alles oder zumindest fast alles über dein Leben, weil du vollstes Vertrauen zu ihm hast.

Du fühlst dich sicher bei ihm und musst dein wahres Selbst, nicht vor ihm verstecken, was diese Freundschaft so besonders macht.

Im Leben, werden dir nur sehr wenige solcher Freundschaften gewährt, weshalb es enorm wichtig ist, an diesen Freundschaften festzuhalten.

Klar wird es auch mal Streit geben aber diese Freundschaft, ist von wahrer freundschaftlicher

Liebe geprägt, weshalb ihr euch immer wieder versöhnen werdet, egal was passiert.

Kapitel 19

Der Erklärbär als Freund

Der Erklärbär, ist als Freund eigentlich unverzichtbar.

Jeder braucht mindestens einen Erklärbär als Freund.

Wieso?

Ganz einfach!

Er ist der absolute Realist und ein guter Zuhörer.

Er sagt dir seine Meinung und zwar offen und ehrlich zu allen Themen und nimmt dabei selten ein Blatt vor den Mund.

Er betrachtet die Dinge immer von allen Seiten und stellt sich auf die Seite der Person, die in seinen Augen, rein vom logischen Gesichtspunkt recht hat.

Er ist genau die Art Freund, der dir dabei hilft, schwierige Entscheidungen und Probleme zu lösen.

Was man natürlich nicht außer Acht lassen darf ist, dass der Erklärbär, nicht zu den Freunden gehört, die man Wochen oder Monate links liegen lassen kann und nur auf ihn zurückgreift, wenn man gerade Hilfe braucht.

Der Erklärbär, möchte gerne eine Freundschaft auf Augenhöhe und vor allem eine Freundschaft, die auch gepflegt wird.

Er ist sehr rational, was bedeutet, dass er in regelmäßigen Abständen quasi eine Nutzenkalkulation für sich und seine Freundschaften erstellt und dann regelmäßig aussiebt.

Wenn man die Freundschaft aber pflegt, ist der Erklärbär, so ziemlich der beste Freund, den man haben kann.

Wer die Freundschaft zu mir nicht pflegt, der geht!

Roberto Iaquinta

Kapitel 20

Der Bossbär als Freund

Der Bossbär, ist zwar in der Lage, Freundschaften mit echter Zuneigung zu pflegen, diese sehen aber im Gegensatz zu den anderen Bärentypen, komplett anders aus und sind von komplett anderen Werten geprägt.

Er hat zwar echte Freunde aber in dieser Form der Freundschaft, gibt es klare Grenzen.

Meist entstehen diese Freundschaften, aus einem gemeinsamen Interesse und durch gegenseitige Hilfestellung.

Um es kurz und knapp zu sagen, diese Freundschaften verbindet, dass beide Parteien Gewinne aus dieser Freundschaft ziehen.

Was denkst du, wie eine solche Freundschaft, konkret aussehen könnte?

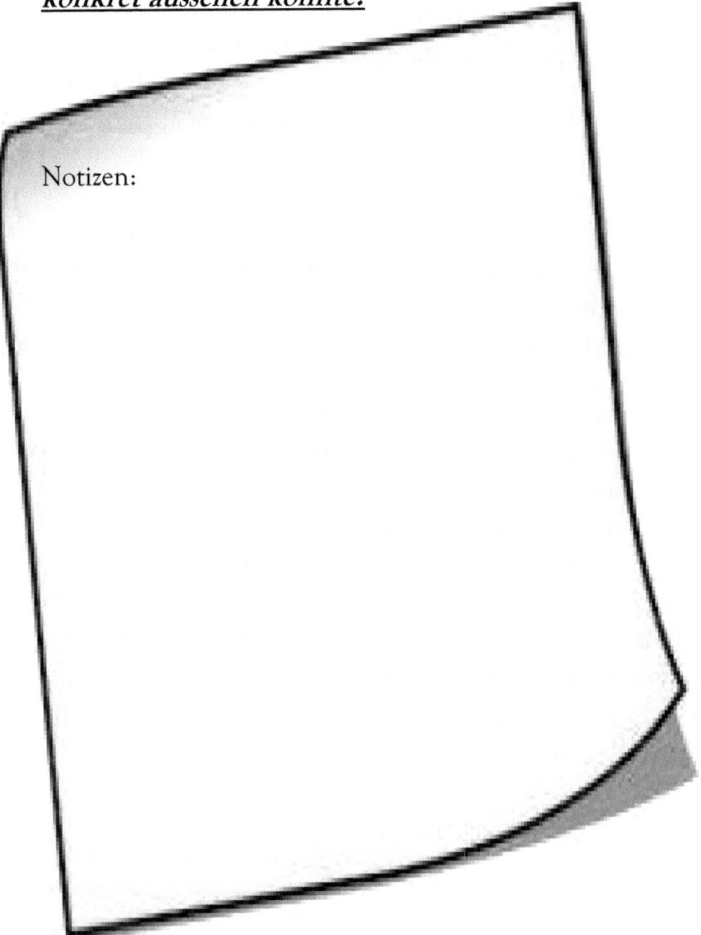

Notizen:

Hier mal ein Beispiel aus der Praxis:

Unser Bossbär ist Anwalt und freundet sich mit einer Teddybären Klientin an.

Der Kontakt der beiden beschränkt sich auf ein bis zwei Treffen im Monat.

Der Teddybär, der ja als Zuhörer bekannt ist, dient hier als Ventil für den Bossbären, um seinen stressigen Alltag und all seine Probleme mit jemandem zu besprechen.

Der Teddybär wiederum profitiert davon, dass er in allen Fragen, rund um das Thema Gesetze zu seinem Freund kommen kann, der dies im Gegenzug natürlich mehr oder weniger gerne für ihn erledigt.

In dieser Konstellation, ist es also ein Geben und Nehmen, von dem der Bossbär aber sicherlich mehr profitiert als der Teddybär, weshalb es für den Bossbär, dann auch in Ordnung ist.

Im Leben, ist es ein dauerndes Geben und Nehmen.

ur wer versteht, dass Geben wertvoller ist als Nehmen,
wird darin Glückseligkeit finden.

Roberto Iaquinta

Kapitel 21

Der Crazybär als Freund

Der Crazybär, ist ein Freund, mit dem man Pferde stehlen kann.

Mit ihm wird es niemals langweilig!

Er hat einen sehr großen Freundeskreis, wobei man hier deutlich feststellen muss, dass es sich bei den meisten Freundschaften, eher um oberflächliche Freunde handelt.

Man trifft sich regelmäßig, um gemeinsam Spaß zu haben und Party zu machen, sieht sich aber ansonsten außerhalb dieser Aktivitäten eher nicht so oft.

Auch ist es mit dem Thema Ernsthaftigkeit und Zuverlässigkeit, beim Crazybär so eine Sache.

Er nimmt das Leben eher locker und sieht die Dinge nicht so ernst, weshalb tiefgreifende Gespräche und ernste Themen, nicht gerade Dinge sind, mit denen der Crazybär etwas anfangen kann.

Wenn man allerding gerne möchte, dass man jemanden hat, der einem zu jedem Thema sagt, dass es schon wieder gut wird und das doch alles nicht so schlimm ist, dann ist man beim Crazybär genau an der richtigen Adresse.

Hier sollte man aber so ehrlich zu sich selber sein und den Tatsachen ins Auge blicken.

Wenn du ein wirkliches Problem oder Kummer hast, dann wirst du es nicht los, wenn dir jemand einfach nur sagt, dass es nicht so schlimm ist oder bald wieder vorbei geht.

Hier wäre ein echter und ehrlicher Freund, wie der Teddybär, eher die richtige Wahl.

Kapitel 22

Die Bärige Zusammenfassung

Zusammenfassend ist zu sagen, dass man ganz egal welcher Bärentyp man ist, mit allen anderen Bärentypen sehr gut auskommen kann, wenn man sich selbst, vielleicht etwas kritischer betrachtet und an sich arbeitet.

Es wird immer wieder Menschen geben, die absolut keinen Fehler bei sich sehen und die keinen Millimeter von ihrem Standpunkt abweichen werden.

Das können wir nicht ändern und damit müssen wir alle leben und in erster Linie, muss diese Person damit leben.

Wer aber das Prinzip hinter dem Ganzen verstanden hat und auch mal versucht, sich in den jeweils anderen Bärentypen zu versetzen, wird zukünftig, in allen Lebensbereichen viel besser klar kommen.

Wer es nicht verstanden hat oder es einfach nicht verstehen will, wird wohl irgendwann an den Punkt kommen, wo er ganz alleine da steht.

Welche Entscheidung du für dich triffst, kann dir keiner abnehmen aber vielleicht konnte ich dir mit meinem Buch und dem jetzt besseren Verständnis der unterschiedlichen Menschentypen dabei helfen, deine Entscheidungen zukünftig mit mehr Bedacht zu treffen.

Jedenfalls wünsche ich dir eine bärige Zeit und hoffe, dass du alles in deinem Leben erreichst, das du dir immer gewünscht hast!

Nachwort

Dieses Buch ist aus Liebe entstanden und ich hoffe, dass es einigen von euch, mehr Verständnis und Liebe für eure Mitmenschen bringt.

Ich wünsche jedem von euch, dass er im Leben mindestens einen Teddybären als Freund hat oder findet, denn so einen Menschen an deiner Seite zu haben, ist wirklich etwas ganz besonderes.

Lasst euch niemals unterkriegen und erkennt vor allem euren Selbstwert, denn niemand kann euch klein machen, wenn ihr es nicht selbst zulasst!

Ich danke euch für euer Vertrauen und dafür, dass ihr mein Buch gelesen habt.

Feedback zu meinem Buch, ist jederzeit gerne Willkommen!

In Liebe

Roberto

Platz für deine Notizen:

Platz für deine Notizen:

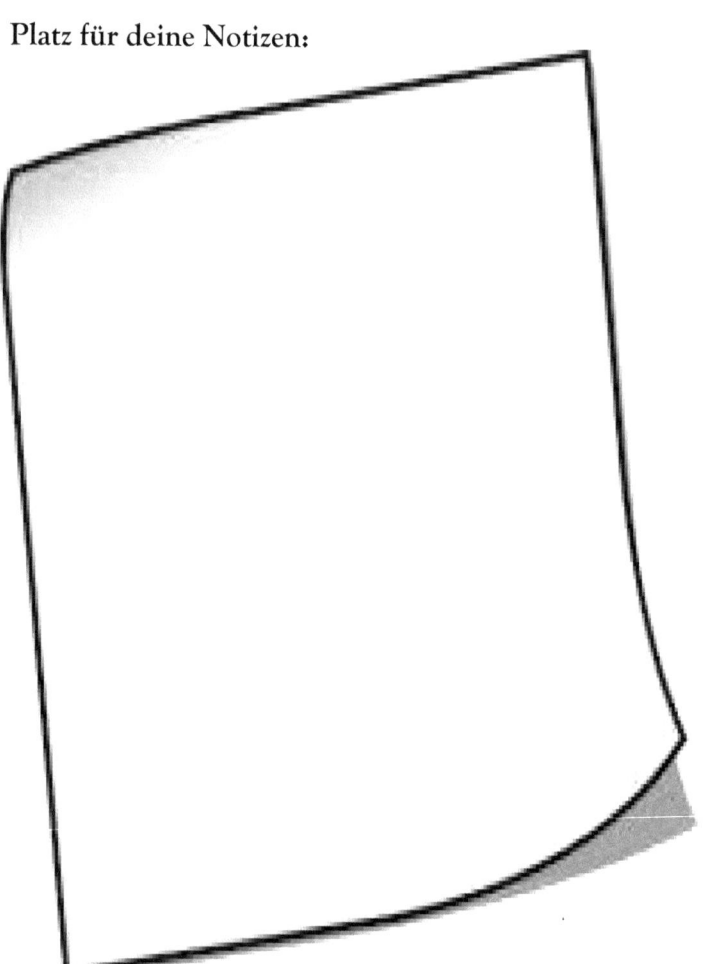

Empfehlungen des Autors:

Alles zum Thema Digitalisierung, Branding, SEO und Online Marketing, findest du unter:

www.trendda.digital/kontakt

Die trendda GmbH, hilft dir dabei, dein Business zu digitalisieren, zu automatisieren und dadurch nachhaltig zu skalieren.

Bei Interesse, wende dich unter Angabe meines Namens an oben genannten Link.

Empfehlung des Autors:

Sieh dir auch mein Buch Traurig aber wahr! an,
dass es seit 12.11.2020 in allen bekannten
Buchhandlungen und Online-Buchhandlungen zu
kaufen gibt.

Hier findest du mein Buch:

www.amazon.de

www.Thalia.de

www.bod.de